EXPROPRIATION

POUR

ÉTABLISSEMENT DE VOIES FERRÉES

CONSIDÉRATIONS PARTICULIÈRES

Expertises préalables faites par les Compagnies

Offres légales

Dépréciations et Servitudes

Les Compagnies font procéder par leurs experts-géomè-
tres aux estimations des emprises. Toutefois, ces Messieurs
n'étant généralement pas du pays ne connaissent pas la
valeur des terres, valeur ayant souvent pour cause non
seulement la bonne qualité des terrains, mais encore
l'aisance des habitants et la richesse de la localité. Ces
Messieurs en sont donc réduits à n'avoir que des renseigne-
ments vagues, généraux, sur la valeur vénale des terrains
ou des propriétés en bloc, *sans dépréciation* et, s'ils
consultent quelques titres, les dissimulations étant très
grandes, ils n'ont donc connaissance que d'une partie du

prix payé. Même les ventes aux enchères, surtout celles judiciaires, doivent être écartées comme types de comparaison, les frais de ces ventes sont si élevés et les formalités qui doivent suivre occasionnent tellement de démarches que les amateurs les redoutent, ce qui explique certaines enchères faites très au-dessous de la valeur.

Du reste, en supposant même les prix de vente exacts, ils ne peuvent être pris comme termes stricts de comparaison, attendu que ceux qui vendent sont généralement obligés de le faire et souvent dans des conditions relativement onéreuses. Dans tous les cas, au *grand jamais*, ils ne consentent d'aliéner une partie de terrain pouvant *déprécier ce qui leur reste*. Tandis que, en matière d'expropriation pour cause d'utilité publique, les propriétaires sont dépouillés malgré eux, leurs terrains sont, pour ainsi dire (déchiquetés), morcelés, obliquement ou irrégulièrement, laissant des hors lignes qui perdent jusqu'aux 9/10 de leur valeur ; ajoutez à cela que les experts des Compagnies ont cette tendance bien légitime qui caractérise généralement des agents dévoués, de vouloir tout à bas prix, de considérer toutes les terres comme ayant peu de valeur et les dépréciations comme des *quantités négligeables*. Voilà les éléments qui ont présidé à la formation des tableaux estimatifs des parcelles expropriées : d'où il résulte que ces chiffres d'évaluation sont très au-dessous de la valeur vénale réelle. On pourrait peut-être croire que ce sont ces prix estimatifs qui vont servir pour faire les offres légales ! eh bien ! il n'en est rien ; l'on en déduit encore la moitié pour faire ces offres légales qui représentent donc à peine le quart du prix vénal des terrains, sans avoir tenu compte du morcellement, ni des autres considérations et sans même avoir songé que certaines localités ont peu de terre, resserrées qu'elles sont dans des vallées étroites ou limitées d'un côté par des montagnes et de l'autre par des rivières ou des lacs, et qu'il sera presque impossible aux particuliers de les remplacer. S'ils trouvent à racheter, ce sera à des prix exorbitants et difficilement dans une aussi bonne situation ou position et en qualité équivalente.

Dans tous les cas, ce qu'il y a de bien certain, c'est

qu'il sera impossible de reconstituer, même à grand prix, des terrains industriels ou à bâtir qui tirent leur valeur de leur situation près d'un centre industriel ou d'une gare, et aussi impossibilité de reconstituer un clos dont la valeur tient à sa contiguité à des bâtiments importants ou une villa, ayant une vue splendide et dominante.

Des dépréciations.

Il a déjà été dit que les dépréciations avaient été traitées avec la plus grande désinvolture et, en effet, en examinant les offres légales, on se rend bientôt compte que les dépréciations ont généralement été comptées du 1/4 au 1/6 du montant des emprises, sauf quelques rares exceptions où l'on a daigné les porter à un chiffre un peu plus élevé. Cette manière d'évaluer les dépréciations est donc encore plus erronée que les estimations des emprises, car les valeurs de celles-ci ne doivent point servir à fixer les dommages causés aux parties délaissées, qui doivent faire l'objet d'allocations distinctes ou séparées.

Effectivement, l'emprise elle-même ne comporte pas d'indemnité de dépréciation, c'est ce qu'elle morcelle, ce qu'elle divise, ce qu'elle laisse qui a droit à une indemnité d'autant plus élevée qu'il s'agit de traverser des terrains à bâtir qui ne pourront plus l'être, des clos ou des propriétés d'agrément d'un même tènement, ou enfin des terrains industriels, séparés en parties inégales. Cette indemnité spéciale devra donc être appliquée à chaque partie délaissée suivant son irrégularité, suivant son étendue, ou une indemnité générale sera allouée sur l'ensemble du préjudice ou des dommages causés au surplus de tout l'immeuble atteint par l'emprise et suivant son importance ou sa valeur. Ainsi l'emprise peut n'être que très étroite, ne présenter que peu de surface tout en produisant le même morcellement qu'une grande emprise, et si l'on se bornait à multiplier le montant de cette emprise par un chiffre quelconque, les offres légales, *même par dix*, le résultat ne représenterait assurément pas encore la valeur du préjudice causé au surplus des immeubles traversés. Or, les chiffres offerts par les Compagnies à propos des dépréciations sont donc basés sur un principe erroné et ne doivent, par conséquent, pas même servir de jalons entre les offres qui sont disproportionnellement trop basses et les demandes des propriétaires qui ne sont généralement pas exagérées, faute de connaître avant les travaux exécutés toute l'étendue des dommages qui leur seront causés.

Si l'emprise ou la coupure se fait au niveau du sol, le voisinage de la voie ferrée sera un risque perpétuel d'accidents, surtout pour les enfants et les animaux, les barrières des clôtures de la voie n'étant pas faites dans des conditions à intercepter toutes communications. Si c'est en remblais, son élévation interceptera le jour, la vue et le soleil aux maisons voisines et ombragera une zone de terre égale à la hauteur des talus et qui recevra, en outre, les eaux de ceux-ci.

Si, enfin, elle est en tranchée, ce sera un gouffre ou un précipice encore plus dangereux sous tous les rapports.

Dans ces deux dernières hypothèses, les plantations d'acacias faites dans les talus devront faire l'objet d'une indemnité spéciale, tellement le préjudice causé est grand. Dans tous les cas, les coupures auront toujours pour effet d'augmenter d'un tiers les frais de labour et les trépidations des trains feront lézarder les maisons proches de la voie.

Servitudes et prolongement de parcours.

Voici un clos ou un terrain spacieux acquis à grand prix par parties successives, dont certaines acquisitions avaient surtout pour but de faire disparaître des servitudes gênantes, résultat qui n'a pu s'obtenir qu'après fortes dépenses et nombreuses démarches, et voilà qu'un chemin de fer vient s'implanter au milieu, non-seulement avec son emprise, mais encore avec des passages latéraux qui ramènent ainsi dans cette terre ou dans ce clos de nouvelles servitudes que vous aviez si chèrement fait disparaître, chemins que les Compagnies se gardent bien d'entretenir.

En sorte que cette grande facilité de culture et d'accès que vous procurait votre ténement est tout à coup rompue à tout jamais, et, pour exploiter et dévêtir la partie de ce terrain rejetée au delà de la voie par rapport à votre centre d'exploitation, c'est-à-dire de vos bâtiments, vous aurez désormais un trajet quelquefois très long à faire, ce qui constitue, par conséquent, un prolongement de parcours.

Conséquemment, un prolongement de parcours, quel qu'il soit, devra donc faire l'objet d'un chef spécial d'indemnité suivant son trajet, suivant le nombre présumé de fois qu'il devra s'exercer par jour et par année, en raison de l'importance des terrains ou des constructions qui y donneront lieu. Il sera également le cas de tenir compte s'il est interrompu par un passage à niveau, car nul n'ignore que la traversée de ces barrières est non-seulement dangereuse, mais qu'il y a beaucoup de temps à perdre au moment des trains, obligé d'attendre qu'on veuille bien les ouvrir et, les trains ayant souvent du retard, il en résulte une perte de temps d'autant plus grande que vous avez plus de voyages à faire. Ces inconvénients sont encore plus fâcheux pour les passages à niveau manœuvrés à distance, dans l'impossibilité où l'on se trouve de pourparler avec la garde-barrière pour faire ouvrir les portes, même au cas de grand retard du train, celles-ci étant closes dix minutes avant l'arrivée du train et obligé d'attendre quelquefois vingt minutes avant de pouvoir traverser, contre-temps qui se produisent généralement lorsque le temps est menaçant, c'est-à-dire au moment le plus pressé d'enlever les récoltes, qui subissent dès lors bien des fois des avaries par suite des prolongements de parcours.

Aussi, il doit être superflu de dire qu'à aucun prix un propriétaire ne consentirait amiablement à laisser pratiquer de telles saignées en pleines terres, en plein clos, ni en pleins terrains industriels.

Régime des eaux.

D'une façon générale, le régime des eaux ou des irrigations est complètement obstrué par l'établissement des voies ferrées, sous lesquelles on a bien prévu quelques rares aqueducs, mais qui ne peuvent plus répondre aux besoins de chaque parcelle; celles en contre-bas surtout ne reçoivent plus l'eau que leur fournissaient les parties, en contre-haut desquelles elles sont séparées, et ces dernières sont submergées le long de la voie, où l'eau est donc préjudiciable.

Toutes ces différentes dépréciations sont *oubliées* dans les offres des Compagnies, toujours sous prétexte que ce sont des *quantités négligeables*. Aussi il est souverainement injuste de critiquer les expropriés qui réclament de légitimes indemnités à l'occasion de la dépossession forcée de leurs terres, étant donnés tous les dommages qu'ils auront à subir. Qu'y a-t-il de plus conforme à l'équité que d'indemniser un propriétaire de tout le préjudice que va lui causer une industrie qui bénéficie, dans sa forme la plus large, des droits que lui confère la loi de pouvoir s'établir partout où elle veut, où elle trouve mieux son avantage, où les travaux qu'elle se propose d'exécuter lui *coûteront le moins cher*, d'où elle bénéficiera dès lors de la bonne position ou de la bonne situation des terrains desquels elle s'empare ?

Dans ces conditions, il n'est pas surprenant si les chiffres demandés par les expropriés paraissent élevés par rapport aux offres dérisoires et ridicules des Compagnies. Les propriétaires demandent qu'il leur soit tenu compte — ce que les Compagnies n'ont pas cru faire et pour cause — de toutes ces dépréciations, indiquées ci-devant et, assurément, il est presque impossible d'en prévoir toutes les conséquences, l'expropriation ayant lieu avant les travaux ; c'est-à-dire que l'intensité définitive du préjudice ne peut se mesurer avec certitude, une circonstance imprévue pouvant révéler de nouveaux inconvénients, puisque ni les déblais, ni les remblais, ne sont exactement connus, et qu'en outre la représentation presque imaginaire d'une chose figurée sur un plan donne un tout autre aspect une fois exécutée.

Les expropriés ne peuvent pas réclamer aux Compagnies le prix de spéculations hypothétiques qu'ils auraient pu tirer de leurs immeubles, dont aucune manifestation justifiée n'a encore lieu au moment de l'expropriation ; toutefois, il y a lieu d'ajouter qu'il convient cependant de considérer l'objet déprécié eu égard à l'augmentation progressive de la valeur dont il est susceptible par les accroissements de la plus-value des abords et pouvant résulter de ses avantages naturels.

Ainsi, surtout près des villes, un terrain peut augmenter considérablement de valeur instantanément et un mauvais sol devient assez souvent un terrain à bâtir ou industriel de premier ordre par la simple création de chemins ou l'ouverture de nouvelles avenues qui transforment l'accès d'un quartier qu'ils traversent et, quoique certains terrains ne soient pas immédiatement contigus à ces avenues, ils ne bénéficient pas moins de cette transformation.

Ceci justifie qu'il doit être tenu compte de cette plus-value, lors même qu'elle ne serait pas encore entièrement acquise, si MM. les Jurés peuvent déjà apprécier qu'elle se produira, car autrement le propriétaire serait lésé, il perdrait donc le bénéfice de cette plus-value parce qu'il aura plu à une Compagnie de venir lui enlever ou lui morceler son terrain juste au moment opportun pour en tirer elle-même tous les avantages. Dans ces cas notamment, les prix des ventes, qu'elles soient récentes ou non, qui ont eu lieu avant ces innovations, ne peuvent plus servir de termes de comparaison puisqu'il s'est produit depuis cette nouvelle situation, qui a augmenté la valeur des terrains ou des immeubles.

D'ailleurs, il n'y a pas d'assimilation ni de comparaison possible à établir entre les expropriations pour constructions de voies ferrées et celles pour ouverture de chemins ou de rues Celles-ci ont généralement pour effet de donner aux terrains traversés une plus-value très grande, surtout dans les villes, et que MM les Jurés doivent tenir compte d'après la loi. Or, si le Jury estime que cette plus-value doublera la valeur de ce terrain, qui va venir en façade, et s'il a fixé l'emprise à 10 fr., par exemple, c'est comme s'il avait alloué 20 fr. le mètre à l'exproprié; attendu que, d'après la loi, cette plus-value peut même compenser l'indemnité. D'autre part, les municipalités font presque toujours des offres raisonnables pour n'avoir pas de frais à supporter et pour ne pas indisposer le propriétaire, de façon à laisser continuer les pourparlers, et elles obtiennent ainsi très souvent des traités à l'amiable.

Du reste, les chemins, les rues procurent tous les avantages inhérents à la propriété, tandis que le long d'une voie de fer on n'est propriétaire que fictivement des zones contiguës à la voie, et l'on ne peut pas disposer de son propre terrain sans observer les règles ci-après énumérées :

1° Aucune construction, autre qu'un mur de clôture, ne pourra être élevé à la distance de, au moins, deux mètres du chemin de fer ;

2° Dans les localités où le chemin de fer se trouvera en remblais de plus de trois mètres au-dessus du terrain naturel, il est interdit aux riverains de pratiquer, sans autorisation préalable, des excavations dans une zone de largeur égale à la hauteur verticale du remblais, mesurée à partir du pied du talus ;

3° Il est défendu d'établir des couvertures en chaume ni de former aucun dépôt de matières inflammables à moins de *vingt mètres* de distance du chemin de fer, à l'exception des dépôts de récoltes pendant le temps du travail ;

4° Dans une distance de moins de *cinq mètres* du chemin de fer aucun dépôt de pierres ou d'objets non inflammables ne pourra être fait sans autorisation préalable, sauf en ce qui concerne les dépôts qui n'atteindraient pas le niveau du chemin de fer et ceux temporaires d'engrais ou autres objets nécessaires à la culture.

Traités amiables.

Un argument contre lequel il y a lieu de mettre en garde qui de droit, ce sont les prix d'acquisitions amiables faites par les agents des Compagnies.

Ces Messieurs commencent par épouvanter les propriétaires au sujet des frais et autres désagréments qu'ils auront à subir s'ils se laissent exproprier, font miroiter un prix d'emprise relativement raisonnable, et le propriétaire ne pouvant se rendre compte, ainsi qu'il a déjà été dit, de tout le *préjudice* ou la *dépréciation* qui forme un *chapitre beaucoup plus important que la valeur intrinsèque de l'emprise*, cède donc dans des conditions très onéreuses ; il en a toujours le plus grand regret, mais la faute est irréparable. C'est à tel point qu'un propriétaire d'Etrembières, M. G .., avait vendu du terrain à l'Etat pour le chemin de fer d'Annecy à Annemasse, sans avoir compris qu'un remblais serait élevé à proximité de sa maison. Lorsqu'il l'a vu construire, il est allé se noyer de désespoir.

Termes de comparaison.

Pour démontrer qu'en matière d'expropriations pour construction de chemins de fer, les offres des Compagnies sont très dérisoires et que Messieurs les Jurés en ont fait de de tout temps bonne justice, il est donné ci-après quelques décisions qui pourront servir de types ou de termes de comparaison.

Expropriation pour le chemin de fer d'Annecy à Aix-les-Bains, en mai 1865. — Affaire Jean-Marie Aussedat, à Gevrier : terre et bois, 37 ares 73 centiares. Offre légale, 1.202 fr. 85 c.; indemnité allouée par le Jury, 30.000 fr.

Affaire Arrambourg Jean-Marie et consorts. à Annecy-Chevênes, près du Thiou, n° 209 du plan cadastral . 5 ares 40 centiares, bief et broussailles. Offre légale, 270 fr.; indemnité, 16.000 fr.

Affaire de la commune de Rumilly : anciens fossés et chemin au bord du Chéran, 25 ares 10 centiares. Offre, 2.510 francs ; somme allouée par le Jury, 40.000 fr.

Expropriation pour le chemin de fer d'Annecy à La Roche, en 1878. — Affaire Bachet, tanneur à Annecy : cour et hangar pour ouverture d'un boulevard et faible partie pour la voie Offre, 3.300 fr ; indemnité fixée par le Jury, 20.000 fr.

Affaire Nicollin, de Groisy : terre, chemin d'exploitation, pré-verger et cour, 80 ares 78 centiares. Offre, 6.739 fr ; indemnité, 25.000 fr., avec garantie du passage de l'eau dans le verger et cession à l'exproprié de tous les arbres.

Expropriation pour le chemin de fer de La Roche à Cluses, en 1886. — Affaire des mariés Terrier, à Saint-Pierre-de-Rumilly : emprise, 99 ares 50 centiares, dont 24 ares en bois-glières. Offre légale, 4.336 fr.; indemnité fixée par le Jury, 32.000 fr.

Expropriation de la partie aux abords du tunnel de La Puya, en 1894, pour le chemin de fer d'Albertville à Annecy. Affaire Avet, sur Sevrier : surface, 14 ares. Offre légale, 588 fr.; indemnité allouée par le Jury, 7.000 fr.

Même chemin de fer, partie sur la Savoie, comprise entre Albertville et Ugines — Affaire Ancenay, à Albertville : surface, 36 ares 83 centiares. Offre légale, 15.857 fr. 70 ; somme allouée par le Jury, 70.333 fr.

Affaire Aubry Armand, à Pallud : contenance, 92 ares 79 centiares. Offre légale, 4.945 fr. 50 c.; somme allouée par le Jury, 46.630 fr.

Affaire Brun, scierie, à Pallud. Offre légale, 13.952 fr. 90 ; somme fixée par le Jury, 53.800 fr., et Rocaux, locataire, offre, 1 fr.; indemnité allouée, 20.150 fr.

Affaire Dumas, à Marthod : contenance, 1 hectare 20 ares 96 centiares. Offre légale, 7.410 fr. 85 c.; indemnité, 39.100 fr.

Affaire Bisilliat, à Ugines : surface, 1 hectare 2 ares 6 centiares. Offre, 7.662 fr. 70 c.; indemnité, 27.400 fr.

Affaire Chanaud, même commune : 54 ares 60 centiares. Offre, 3.695 fr. 25 ; décision du Jury, 16.500 fr.

Les petites affaires ont été traitées dans les mêmes proportions, mais l'on ne peut en donner comme termes de comparaison, étant donné que les dépréciations sont beaucoup plus grandes où les hors-ligne ne sont pas pris.

On pourra consulter avec intérêt l'extrait ci-après du mémoire de l'éminent Me Perrier de la Bâthie, bâtonnier de l'Ordre des Avocats de Chambéry, qu'il avait produit devant le Jury lors de l'expropriation pour la construction des forts de Conflans et des environs d'Albertville. Dans cette expropriation, il s'agissait simplement d'emprises totales ou parties de parcelles ne dépréciant que peu les hors-lignes, sans coupure, au centre des terrains ou des propriétés, sans prolongement de parcours, sans interruption d'irrigation. C'est pour cela que Me Perrier ne fait pas beaucoup allusion aux dépréciations précédemment détaillées qui n'avaient pas lieu à propos de cette expropriation.

PRINCIPES GÉNÉRAUX

I. — OFFRES ET DEMANDES.

Les offres et demandes ont, en matière d'expropriation, un caractère dont peu de personnes se rendent un compte bien exact.

On s'étonne que les demandes des expropriés soient parfois élevées.

On s'étonne aussi que les offres de l'Administration soient toujours aussi bien en dessous de la simple valeur vénale des terrains expropriés.

La raison en est simple cependant.

La fixation des indemnités appartient au Jury.

Mais la loi ne permet pas au Jury d'allouer une indemnité supérieure à la demande de l'exproprié.

Elle ne lui permet pas non plus d'en allouer une moindre que l'offre de l'Administration.

L'offre et la demande ne sont donc que **deux jalons** indiquant au Jury, l'un la limite supérieure, l'autre la limite inférieure du champ dans lequel peut s'exercer sa liberté d'appréciation.

Il ne faut donc pas s'étonner que, pour lui laisser cette liberté au plus haut degré, les intéressés plantent ces deux jalons aussi éloignés que possible l'un de l'autre.

. . . .

Un tel demande six, huit francs, vingt francs par mètre carré !

Cela fait soixante mille, quatre-vingt mille, deux cent mille francs par hectare !

Quelle exagération !

Il y a là une habileté contre laquelle il faut mettre en garde MM. les Jurés.

Non, les expropriés ne demandent pas 60, 80, 200 000 frans par hectare.

Lorsque l'Administration achètera des propriétés entiè- res, on pourra parler du prix à raison de tant l'hectare !

Mais ce n'est pas ce qu'elle fait.

Elle exproprie seulement quelques mètres, quelques ares de terrain ou une zone quelconque.

Mais ces quelques mètres, elle les prend où elle les veut, au beau milieu de votre propriété, en la découpant de la manière de la plus bizarre.

Elle en rend la culture impossible ; elle en détruit les clôtures ; elle la grève de servitudes qui enlèvent toute sa valeur.

Et l'on viendrait parler de prix de terrains vendus en bloc à raison de tant l'hectare !

Supposez, Messieurs les Jurés, qu'un voisin vienne vous dire :

« Vous avez là un clos spacieux, commode, attenant à votre habitation.

« Je ne veux point vous l'acheter.

« Mais j'ai besoin de dix mètres carrés au centre de votre clos et d'un sentier pour y arriver, -- vingt ou trente mètres de terrain en tout.

« J'en ai besoin pour établir, sur ces dix mètres carrés, une industrie qui sera pour vous un sujet de tracasseries incessantes, qui ne vous permettra pas de construire, pas même de réparer votre maison, qui l'exposera à brûler, à sauter d'un jour à l'autre.

« Mais je vous offre un beau prix, trente mille francs l'hectare, près de dix mille francs le journal de ce pays. »

Vous lèverez les épaules et vous enverrez promener l'acheteur.

Et si vous êtes forcés à lui vendre, vous lui demanderez *cinq, six mille francs* de ces vingt mètres carrés, quoique cela représente *deux millions cinq cent mille francs* ou *trois millions l'hectare.*

Et vous aurez encore fait un mauvais marché !

II. — BASES DE L'INDEMNITÉ.

Ce que c'est qu'une indemnité.

Il est encore une autre erreur contre laquelle il faut prémunir MM. les Jurés.

Elle est la cause la plus fréquente des erreurs qui échappent parfois aux Jurys les mieux intentionnés.

Ce n'est point *un prix de vente ordinaire* que vous avez à fixer.

C'est une indemnité.

La loi veut que celui qu'elle dépouille contre son gré de sa propriété, sorte de là **indemne.**

Elle veut qu'il lui soit tenu compte jusqu'au dernier sou, non seulement de ce qu'on lui prend, mais de toutes les dépenses, pertes et frais de toute nature, désagrément même, que lui cause l'expropriation.

« Le mot indemnité ne veut pas dire prix vénal de l'immeuble, disait M Daghilhon Pujol, lors de la discussion de la loi du 7 juillet 1833, il veut dire aussi le dédommagement dû au propriétaire par suite de sa dépossession (1). »

« Les mots : indemnités dues par suite d'expropriation, dit aussi M. Daffry de la Monnoye (2), comprennent dans leur latitude, le pouvoir d'apprécier, non seulement la valeur intrinsèque des terrains expropriés, mais celle des avantages qui étaient attachés à leur possession, et dont la privation sera la suite de l'expropriation.

« Il est même équitable, dans certaines limites, d'admettre le propriétaire dépossédé à faire entrer, dans sa demande d'indemnité, un prix de convenance et d'affection. »

L'indemnité pour cause d'expropriation est donc quelque chose de complexe. Le prix, la valeur vénale des terrains, n'en est qu'un des **éléments.** C'est le **moins important** de tous, c'est ce qui arrive surtout dans les expropriations.

Nous examinerons tout à l'heure quels sont ces éléments.

(1) DALLOZ, *Expropriation*, n° 595.
(2) DE LA MONNOYE, *Les Lois de l'Expropriation*, sur l'art. 31 de la loi de 1841, n° 24.

Eléments de l'indemnité.

Valeur vénale.

C'est d'abord la valeur vénale, le prix que les terrains auraient dans une vente volontaire.

Inutile de dire qu'il s'agit de la valeur vénale actuelle. Les titres d'acquisition, s'ils remontent à une date déjà éloignée, sont des guides trompeurs. Presque toujours il y a eu dissimulation de prix. Souvent aussi les terrains ont augmenté de valeur depuis l'acquisition. Il est juste que l'exproprié profite de cette augmentation et retire la valeur vénale actuelle.

Et comme l'expropriation est une violation légale du droit sacré de propriété, on doit porter **la valeur vénale la plus haute,** — *celle pour laquelle il est le plus facilement présumable que l'exproprié consentirait à se dessaisir d'une propriété à laquelle il tient.*

La valeur vénale n'est pas, en effet, quelque chose de fixe. C'est l'espace légalement ouvert entre le vendeur et l'acheteur, et dans lequel il leur est permis de chercher leur avantage respectif. Et cet espace est large. En effet, s'il est permis à l'acheteur d'acquérir aux six douzièmes de la valeur moyenne, sans que le contrat soit entaché de lésion, le vendeur doit avoir, au-dessus de la valeur moyenne, une semblable latitude.

Non seulement on doit prendre la valeur vénale la plus haute, mais certaines législations déterminent la proportion dans laquelle elle doit être augmentée, indépendamment de toute dépréciation, par cela seul qu'il s'agit d'une expropriation forcée.

Il est un point constant en pratique, c'est qu'il ne faut pas confondre le prix vénal avec le prix d'expropriation ; c'est que le prix d'expropriation doit être toujours plus élevé que le prix moyen des ventes volontaires, dans une proportion qui varie du tiers à la moitié, indépendamment des indemnités de dépréciation.

Valeur de convenance et d'affection.

C'est encore là, on l'a déjà dit, un élément très sérieux à prendre en considération. On tient plus à une ancienne propriété de famille qu'à une acquisition récente. On tient plus à une propriété que l'on cultive soi-même, que l'on a pour ainsi dire créée, arrosée de ses sueurs, qu'à une propriété qu'on a trouvée telle qu'elle est encore, et dont on n'a fait que percevoir les fermages. On tient plus à une propriété rapprochée des habitants qu'à une propriété éloignée.

Vendeur et acheteur tiennent grand compte de ces considérations dans les ventes volontaires. On doit en faire le même cas dans la fixation de l'indemnité d'expropriation.

Plus-value éventuelle.

« Il n'est pas interdit au Jury, dit encore M. de la Monnoye (1) de prendre en considération la situation de l'immeuble exproprié et sa destination future. C'est là un élément d'appréciation de sa valeur actuelle. Ainsi le Jury, appelé à fixer l'indemnité due pour expropriation d'un immeuble situé le long d'un terrain destiné à être converti en rue, lors de la réalisation d'un plan municipal, a pu, à bon droit, prendre en considération la destination future de l'immeuble, et élever en conséquence le chiffre de l'indemnité. »

Plantations, Constructions.

Il va sans dire qu'il doit être tenu compte de la valeur de celles existantes Quant aux plantations faites à une époque assez récente pour qu'elles ne soient pas encore en rapport, il faut tenir compte au propriétaire des frais d'établissement et de main-d'œuvre, puisqu'il n'a pu en retirer encore les fruits.

---

(1) Sur l'article 38 et 3, n° 24.

Dépréciations.

Lorsque l'expropriation n'est que partielle, c'est là l'élément le plus considérable de l'indemnité.

Les dépréciations comprennent :

1° Le morcellement et les difficultés de culture qui en sont la cause, pour la partie de l'immeuble qui reste à l'exproprié ;

2° La diminution de la valeur vénale à raison du voisinage de certaines constructions, des servitudes qui en résultent, des dangers que ce voisinage peut présenter ;

3° La diminution des facilités d'accès, — la suppression des passages desservant la portion restante de la propriété, — l'établissement, sur cette portion restante, de nouveaux passages destinés à la desservir ou à desservir celle expropriée ;

4° Les travaux que le propriétaire est obligé de faire pour coordonner la portion de la propriété qui lui est laissée avec la disposition des lieux ; par exemple, s'il est dans le cas d'élever un mur de clôture ou de soutènement, de construire un pont, ou d'établir toute autre voie de communication ;

5° Le trouble que cause dans l'ensemble d'une exploitation la privation de telle ou telle partie de la propriété, dont les produits servent à faciliter l'exploitation des autres parties ou complètent l'ensemble de la production.

En un mot, l'indemnité de dépréciation doit tenir compte de toutes les conséquences qui résultent pour le propriétaire de la privation d'une partie de sa propriété, et qui tendent à rendre moins facile, moins agréable, moins productive, la jouissance de ce qui lui reste, de tous les frais qu'il sera obligé de faire pour se trouver dans la même situation qu'avant l'expropriation.

Frais de notification, de dépense, de remploi, etc.

Le propriétaire a certaines significations à faire relativement à l'expropriation, soit aux fermiers et locataires, soit à l'Administration.

L'insuffisance des offres de l'Administration le force à faire lever les plans, à se faire défendre, à faire des voyages, à subir des pertes de temps.

Il doit lui être tenu compte de tous ces frais occasionnés par l'expropriation, sans quoi il ne serait pas indemne (1).

Il en est de même des frais de remploi de dot, de cantonnements d'hypothèques que le propriétaire est obligé de faire pour toucher son indemnité. Ce sont là tout autant de dépense qu'il n'eût pas été dans le cas de faire sans l'expropriation.

Il doit en être indemnisé.

Frais de réacquisition de nouveaux terrains.

On doit supposer que le propriétaire exproprié replacera en immeubles le montant de l'indemnité. Dès lors, on lui doit compte des frais qu'il aura à faire pour acquérir un immeuble de même nature et valeur que celui qu'on lui enlève.

« S'il en était autrement, dit M. Delalleau, l'exproprié ne serait point indemne, puisque avec la somme qui lui serait payée, il ne pourrait acquérir qu'un immeuble d'une valeur inférieure à celle de l'immeuble dont il a été dépouillé (2). »

D'après le tarif actuel des droits d'enregistrement, le montant de ces frais de réacquisition arrive au 10 pour 0/0 de la valeur

Les indemnités, calculées sur la valeur du sol et les dépréciations, doivent donc être toutes augmentées dans cette proportion pour frais de replacement de l'indemnité.

Privation de récoltes ; Contributions.

Il arrive souvent que, par suite de l'incertitude sur l'époque de la prise de possession, sur la véritable direction et l'étendue des emprises, le propriétaire est obligé de

(1) DALLOZ, Expropriazion, n° 593.
(2) DELALLEAU, n° 446. — DALLOZ, Expropriation, n° 582.

laisser inculte telle ou telle partie de sa propriété. Il doit lui être tenu compte de cette privation de jouissance (1).

Il est de même des contributions que l'exproprié a dû continuer de payer depuis l'époque où il a cessé de jouir. Elles doivent lui être remboursées.

Ces indications pourraient être multipliées encore. Celles qui précèdent suffiront.

Deux grandes lignes suppléeront aux indications de détails qui manqueraient. MM. les Jurés ne les perdront pas de vue :

1° L'exproprié doit être indemnisé de tous dommages, de tous frais, quels qu'ils soient, qui sont une conséquence de l'expropriation ;

2° La manière la plus sûre d'apprécier si une indemnité est juste et équitable, c'est de se mettre à la place de l'exproprié ; c'est de se demander qu'elle serait l'indemnité qu'on se croirait en droit de réclamer si l'on se trouvait dans le même cas.

C'est en un mot, de ne jamais perdre de vue ce grand principe :

« Ne faites pas aux autres ce que vous ne voudriez pas que l'on vous fît à vous-mêmes. »

« Faites aux autres ce que vous voudriez que l'on fît pour vous-mêmes. »

---

(1) DALLOZ, *Expropriation,* nos 591 et 592.

ANNECY
Imprimerie HÉRISSON & Cie
—
1897

www.ingramcontent.com/pod-product-compliance
Lightning Source LLC
Chambersburg PA
CBHW050403210326
41520CB00020B/6445